O COTIDIANO DA HISTÓRIA

EDIÇÃO REFORMULADA E AMPLIADA

No tempo do feudalismo

Heloisa Steinmann
Psicóloga e escritora

Maria José Acedo del Olmo
Historiadora e professora universitária

Ilustrações
Líbero

editora ática

Apresentação

A Idade Média estendeu-se dos séculos V ao XV, época em que a sociedade da Europa ocidental experimentou profundas transformações. Se antes do período medieval as cidades eram o ideal de vida das pessoas, a partir século III, quando tiveram início as invasões bárbaras – que acentuaram a derrocada do Império Romano –, a população começou a abandonar a área urbana e passou a procurar refúgio nos campos. Ali, acabaram sendo estabelecidas novas relações de poder que deram origem ao feudalismo, um sistema social, político e econômico que predominou na Europa ocidental por mais de seis séculos.

Uma das principais características do feudalismo era a existência de uma sociedade organizada de forma que os indivíduos se encontravam subordinados uns aos outros por laços de dependência pessoal. Os servos ocupavam a camada mais baixa da pirâmide social. Eles trabalhavam nas terras dos senhores feudais e deviam pagar-lhes uma série de impostos e obrigações em troca de proteção. O senhor feudal mais poderoso era o rei, porém, acima dele, encontrava-se o poder de Deus, representado pelo papa e o alto clero da Igreja católica. Assim, a Igreja acabou se tornando a instituição mais poderosa do período, e os valores cristãos foram largamente difundidos em toda a Europa ocidental e influenciaram toda a produção intelectual e artística da época.

A história que você vai ler agora passa-se nesse ambiente característico da Idade Média. De um lado, temos a vida luxuosa de um senhor feudal, o marquês Plessis de la Tremille, e do outro, o duro cotidiano dos camponeses que viviam em suas terras e eram obrigados a arcar com pesados impostos. Nesse ambiente de grande desigualdade social, dois amigos de infância – Pierre e Bernard – trilham caminhos distintos em busca da realização de seus sonhos.

Sumário

No tempo do feudalismo

Uma visão da História

1

Sentimento da infância

Pierre ouviu as badaladas do sino do mosteiro próximo. Ainda estava escuro, mas a mãe já avivava as brasas e tocava as galinhas para fora, no outro extremo da grande sala. A casa era como todas as outras da região: apenas um grande cômodo com divisões para os leitos, a cozinha e um cheiro forte de estrume a invadir permanentemente o aposento úmido.

A cabra começou a balir, esperando para ser ordenhada. Pierre se encolheu um pouco mais entre as cobertas e passou o pé por um dos muitos furos existentes, mexendo os dedos para fazer rir os três irmãos menores que dividiam com ele a cama de palha.

– Meninos, levantem! – apressou a mãe, enquanto preparava a refeição matinal. E novamente: – Pierre, apressa-te, os porcos ficam impacientes!

– Já vou, mãe! – respondeu o garoto, levantando-se de um salto e deixando os irmãos menores ainda deitados. Colocou o gibão de couro por cima de um grande camisão de sarja cinza e escondeu o resto dentro de umas calças que mal lhe cobriam o joelho. Passou a mão pelos longos cabelos loiros, desgrenhados, e, finalmente, amarrou as sandálias de couro.

Ao passar pela mesa, um dos poucos móveis da casa, foi colocando dentro do bornal o que encontrava: um pedaço de queijo de cabra, pão preto e um cantil com água. Na saída, pegou o cajado e foi buscar os porcos que estavam no cercado ao lado da casa, seguido pelo seu cão Chevalier, sempre com os pelos enlameados.

Pierre tinha treze anos e cuidar dos porcos era sua responsabilidade. O pai e seus dois irmãos maiores, Allain e Gontran, cultivavam a terra, que fora dada pelo marquês de Plessis de la Tremille. Em troca, a família tinha de prestar serviços ao nobre: cultivar a terra, trabalhar na forja, na carpintaria... Além de entregar, toda semana, parte dos ovos e da produção de queijo feito com o bom leite das cabras da região; isso sem falar nas galinhas, nos patos e nos porcos, que tinham de ser entregues de quando em quando.

Era bem pouco o que sobrava para a família de Pierre, mas como o seu pai costumava dizer: "O marquês não nos açoita e nos protege da selvageria dos soldados que ficam vagando por aí entre um embate e outro..."

Da casa de Pierre, avistava-se a distância o castelo do marquês, flanqueado por duas altas torres onde guardas vigiavam, dia e noite, as estradas que conduziam ao castelo. Do lado interno dos muros havia, na parte de cima, um caminho de madeira que, além de servir para a ronda, permitia que se atirassem baldes de azeite fervente sobre os assaltantes que se aventuravam vindos do pântano, onde se erguiam as muralhas do castelo.

Como se isso não bastasse, viam-se a intervalos regulares balestreiras, pequenas abertu-

ras que permitiam que a guarda atirasse projéteis sem correr o risco de ser atingida.

Do lado norte, um enorme fosso protegia suas inúmeras portas e janelas. Uma ponte levadiça de correntes azeitadas e bem reforçadas ligava a entrada principal do castelo com a pradaria.

Além do fosso, via-se o bosque, que também pertencia ao marquês, onde Pierre fazia pastar os porcos...

Pierre dirigiu-se ao bosque tocando os animais, ajudado por Chevalier. Quem sabe não encontraria Bernard?

Bernard era filho de Guillaume Arnac, o administrador que cuidava do castelo do marquês de Plessis e o representava na sua ausência, fato que ocorria diversas vezes.

A casa de Bernard ficava a meia légua além da de Pierre, na entrada principal da grande propriedade. Era um pavilhão de tijolos vermelhos, adornado com pedras azuis, parecendo, em sua solidez, a guardiã sempre vigilante dos domínios do nobre senhor.

Arrogante, Guillaume Arnac não escondia o orgulho de contar com a confiança do marquês. Era duro com os aldeões e mais ainda com os camponeses, exigindo o pagamento em dia das contribuições devidas ao castelo e ao rei, e cuidava com fiel interesse que ninguém enganasse o seu senhor.

Acreditava que, servindo a um grande senhor, poderia conseguir em breve mandar seu primogênito, Bernard, para a corte, onde aprenderia a manejar as armas para com o tempo se tornar um cavaleiro.

Era natural, portanto, que não visse com bons olhos a amizade entre seu filho e Pierre. Nascidos na mesma época, a mãe de Pierre havia sido a ama de leite de Bernard. Mais tarde, sua fama de excelente catadora de piolhos a levaria com frequência à casa do administrador, já que esses parasitas eram uma praga que assolava a todos. Nessas ocasiões, costumava levar Pierre consigo. Os dois meninos acostumaram-se a brincar juntos e tornaram-se amigos, para desgosto do pai de Bernard...

Na casa de Guillaume Arnac, Bernard pulou da cama e vestiu-se, resolvido a ir buscar cogumelos com Pierre. Correu para a cozinha sem que ninguém o visse. Sua mãe já preparava as refeições do dia e nem lhe deu atenção. O grande caldeirão sobre o fogo rescendia a couve e toucinho. Bernard apanhou pão, bolo, mel e um pedaço de carne que sobrara da noite anterior e dirigiu-se para o lado norte do castelo.

Reconhecendo o filho do administrador, as sentinelas sorriram para o garoto, que atravessou correndo a ponte levadiça e alcançou o bosque. Antes de se embrenhar pelas densas árvores, Bernard parou. Deu dois assobios longos e um curto – era a senha que eles usavam – e ficou aguardando...

– Olá! – gritou Pierre, assim que avistou o amigo.

– Olá! – respondeu Bernard, correndo ao seu encontro, agitando o farnel, referência clara de que passariam o dia juntos. – Será que Chevalier cuida dos porcos para ti?

– Se não ficarmos muito tempo longe, acho que sim.

– Só o necessário para colhermos cogumelos.

Quem os visse logo perceberia a diferença existente entre ambos. Pierre, roupas simples, os cabelos lisos sempre despenteados, contrastando com a pele morena castigada pelo sol, era o oposto de Bernard, de rosto pálido, cabelos pretos encaracolados, vestes sempre limpas e bem cuidadas. Mas nada disso importava para eles e lá iam os dois a correr, procurando embaixo dos galhos e troncos os cogumelos que cresciam entre eles e a terra úmida...

Mais tarde, ao voltarem para perto do rebanho, Chevalier esperava-os, e os porcos, aparentemente, haviam se comportado. Sentaram-se na relva e dividiram o almoço. Bernard, tirando do seu bornal o pedaço de carne, atirou-o para Chevalier, que o pegou no ar.

– Ele bem que merece – comentou.

– Sim, depois de ti, é o meu melhor amigo.

– Pierre, já ouviste que o marquês de Plessis tenciona voltar ao castelo pela Páscoa?

– Não, quem te disse?

– Eu o soube ontem, por meu pai.

– Será que desta vez ele conseguirá que o marquês te leve?

– Ele disse que empenhará nisso todas as suas forças.

– E, talvez, nunca mais voltes a Plessis...

– Talvez...

– Mas tens a chance de ser alguém, de guerrear e de fazer fortuna.

– Sim, enquanto tu...

Pierre permaneceu calado, pensativo.

– E se eu falasse com o marquês, para te levar comigo? – sugeriu Bernard.

– Não sejas gabola! Nem mesmo tu sabes se irás com ele! Além do mais, o marquês nunca me deixará partir, nem teu pai, nem o meu...

– Mas... e se eu tentasse falar com ele?

– Eu receberia uma boa surra! E talvez a minha família sofresse consequências...

– Exageras!

– Não, o marquês é nosso senhor. Devemos a ele tudo o que possuímos. Se o incomodamos, ele tem todo o direito de enfurecer-se – explicou Pierre.

– Pensas como todos. Mas não és como todos – replicou Bernard. – Não te ensinei a ler? Podias ter um ofício...

– Na cidade?

– E por que não? Muitos estão indo. Meu pai disse que nas grandes cidades vende-se de tudo: desde tamancos até ouro. Disse ainda que o comércio amplia-se por causa das Cruzadas e das novidades que os mercadores trazem do Oriente.

– É muito perigoso expor-se à ira do marquês e do teu pai. Já pensaste se colocas por água abaixo os planos dele para ti?

– Então vai sem permissão...

– Me aconselhas a fugir? – perguntou, incrédulo, o amigo.

– Por que não? Poderias acompanhar a distância o séquito do marquês, até chegarmos a Toulouse.

– És louco! – falou Pierre, abanando a cabeça.

– Eu daria um jeito de ir ter contigo sempre que pudesse...

– Só podes ter enlouquecido!

– Não, Pierre – rebateu Bernard, paciente. – Estou tentando mostrar-te que tens uma chance.

– Uma, entre mil...

– Mas ela existe...

– Eu, um livre? Impossível!

– É possível, Pierre! Podes aprender um ofício – insistiu o filho do administrador.

– Um ofício? Ser dono do meu nariz?

– Sim, poder ir para qualquer cidade...

– Ou para a forca!

– Tens medo!

– Da forca, não sei... de ser livre, sim! – admitiu Pierre.

Bernard achou melhor deixar que Pierre se acostumasse com a ideia e mudou de assunto: teria tempo até a Páscoa para tentar convencê-lo. O resto do dia transcorreu alegre para os dois amigos.

Faltava pouco mais de uma hora para o sol se pôr quando Pierre guardou o rebanho e entrou em casa, com Chevalier nos calcanhares.

Seu pai e os irmãos já estavam reunidos ao redor da mesa, em frente às suas escudelas de sopa de favas e cebolas, enquanto a mãe vigiava o leite que esquentava no fogo.

Pierre sentou-se ao lado dos irmãos menores e olhou para os rostos cansados do pai e dos irmãos maiores; não estranhou o semblante carregado deles, acostumara-se a vê-los assim; porém, chamou-lhe a atenção o assunto da conversa:

– Então, Allain, ouviste o moleiro Felipe dizer que aumentará a taxa para o uso do moinho? Quanto? – perguntou Jerôme, o pai, para o filho mais velho.

– Não sei, pai. Ele falava com o abade Godofredo e, quando me viu, baixou a voz. Não pude ouvir o resto.

– Isso é muito ruim. Nossas magras reservas mal dão para as requisições e impostos do marquês.

– E estamos devendo o dízimo para a igreja. O cura não nos absolverá de nossos pecados se não pagarmos – disse Gontran, o outro irmão de Pierre.

– Então estamos bem arranjados, não? – comentou Jerôme. – Com dívidas e com pecados.

– É, pai – confirmou Gontran.

– Parece-me que o marquês e o abade querem nos esmagar – desabafou Allain.

– Com o inverno passado tão rigoroso, até me admiro da produção que conseguimos... – comentou Gontran.

– Mas que não será suficiente para cobrir tantas obrigações, filho – chamou a atenção o pai.

– E se falássemos com os outros camponeses para tentarmos um acordo com o marquês, quando ele vier? – sugeriu Allain.

– Ele virá na Páscoa – interveio Pierre, sem poder se conter.

O pai o olhou como se só agora se desse conta de que tinha também filhos pequenos. Mas não perguntou como ele soubera, não tinha tempo para se preocupar com isso; deu como certa a informação:

– Não temos muito tempo, então.

– Sei que não temos, pai – argumentou Allain. – Mas todos estão tão preocupados quanto nós e todos querem negociar.

– Mas esqueces que o senhor Guillaume não nos permitirá reunir-nos? – lembrou Gontran, preocupado.

– Ele não precisa ficar sabendo. Marcaremos um encontro com os aldeões e camponeses na Taberna do Galo Atrevido, na próxima feira.

Com essas palavras, o velho Jerôme encerrou a conversa e voltou a tomar sua sopa. No mesmo instante a mãe colocou à frente de Pierre uma escudela igual às outras e um pedaço de pão, que ele se apressou em molhar no caldo. Disfarçadamente, começou a atirá-lo em pedacinhos para o cão. Cuidado desnecessário, pois ninguém mais na mesa lhe prestava atenção: estavam assustados com o rumo que as coisas iam tomando...

2

A feira

O carro de bois do pai de Pierre rodava lentamente pela estrada. Era manhã do último sábado de março de 1248. Certamente não era um dia comum: era dia de feira!

Pierre ia atrás, junto de Gontran e Allain, seguido por Chevalier, que sabia, por experiência, que se chegasse perto do seu jovem dono levaria bordoadas dos mais velhos.

Vários camponeses se dirigiam também à aldeia de Plessis, local onde a feira acontecia, uma vez por mês. Levavam mercadorias que produziam para trocar por aquilo de que necessitavam.

Joselin, outro camponês, colocou-se ao lado de Allain:

– Allain! Que levas hoje?

– Uma saca de aveia, uma de feijão e quatro patos. E tu?

– Um porco de boas arrobas, na esperança de trocá-lo por um bom galão de vinho!

– Espero que tenhamos melhor sorte que da última vez, quando os salteadores levaram nossas mercadorias – comentou, esperançoso, Allain.

– O senhor Guillaume reforçou o número de guardas na feira – informou Joselin.

– Ainda bem, pois estes malfeitores levam o que querem, e raras vezes os guardas do marquês conseguem prendê-los.

– É, nem a forca eles temem... – dizendo isso, Joselin apressou o passo e chegou perto do pai de Pierre, com quem travou um rápido diálogo, em voz baixa:

– É mesmo na taberna?

– É, quando a feira terminar – confirmou Jerôme.

– Quem irá?

– Todos nós, menos o moleiro Felipe, é claro.

– E o taberneiro Eudes, não dará com a língua nos dentes?

– Eudes é meu primo, confio nele – explicou o pai de Pierre.

– Então, boa sorte para nós! – desejou Joselin.

– Amém!

A aldeia de Plessis não era muito grande; tinha apenas umas trinta casas. Mas uma vez por mês ela se via invadida por camponeses, sapateiros, pedreiros, remendões de pele, fabricantes de velas, que lá se encontravam para fazer suas trocas: porco por vinho; patos por tamancos; sacas de aveia por mantas de lã; sacos de feijão por punhados de açúcar de beterraba.

Vez por outra, o ajudante do taberneiro Eudes cruzava a feira levando um cântaro do qual se podia provar, gritando:

– O taberneiro Eudes acaba de abrir um barril deste vinho! Quem quiser comprar um pouco vá até a Taberna do Galo Atrevido.

Uma aldeã, levando uma cesta coberta com guardanapo branco, oferecia as massas favoritas: pastéis recheados com queijo fresco e ovos. Aguadeiros passavam, oferecendo canecas cheias de água fresca, tiradas diretamente da fonte.

Em outro canto, um bando de leprosos, com seus sinos, anunciava sua presença. Um porta-voz se aproximou da feira e pediu, de longe, esmolas e comida. As pessoas deixaram-lhes, a uma certa distância, pão, queijo, vinho. Os leprosos estavam proibidos de entrar nas cidades e aldeias e ninguém devia aproximar-se deles. Eram farrapos humanos dos quais se devia fugir, pois que tinham atraído sobre si a ira de Deus, em forma da terrível doença.

Pierre olhou a cena e seu coração se encheu de pavor por um destino tão trágico vindo do céu.

Nesse momento, dois assobios longos e um curto cortaram a balbúrdia da feira e chegaram até os seus ouvidos. Esquecendo os leprosos, procurou com o olhar por Bernard, até que o achou trepado numa bica de água seca, alguns metros adiante. O amigo fez um sinal para ir encontrar-se com ele, e Pierre, com um aceno quase imperceptível de cabeça, concordou.

Gontran acabava de trocar dois dos seus patos por uma roda nova para o carro de bois quando sentiu Pierre puxando-lhe o braço:

– Gontran, preciso me aliviar!

– Oras! Com melindres? Alivia-te aqui mesmo!

– Mas o cheiro te incomodará, bem o sabes!

– Ah! Está bem, podes ir; mas olha o que aprontas, hein?

– Volto assim que terminar o “serviço”...

Sem esperar resposta, Pierre já corria ao encontro de Bernard, que, ao vê-lo, desceu da

bica e entrou numa ruela mais calma. Quando Pierre o alcançou, mostrou-lhe a mão direita:

– Pastéis, para ti.

– Como conseguiste?

– A pasteleira deu-mos, para agradar a meu pai.

– Sorte nossa! – disse Pierre já com a boca cheia. E continuou:

– Não tens ido ao bosque, por quê?

– O abade Godofredo tem ido a minha casa a fim de ensinar-me a cavalgar com a bandeira de São Jorge para saudar a chegada do marquês e da marquesa.

– E que mais?

– Boas maneiras para cumprimentá-la e, assim, impressioná-la.

– E para quê?

– Como és obtuso, Pierre! – exclamou, impaciente, Bernard. – Para que interceda a meu favor junto ao marquês, é claro!

– Mas ela é apenas uma mulher! – reagiu Pierre, assombrado.

– É, mas o abade Godofredo diz que tem influência sobre a marquesa, que, por sua vez, tem muita influência sobre o marquês...

– Então, é quase certo teu encaminhamento às armas?

– É...

Depois de um curto silêncio, Pierre perguntou:

– Bernard, haverá festa na chegada do marquês?

– Sim, estão começando os preparativos. Meu pai já mandou limpar o forno da cozinha do castelo, tirar das arcas as toalhas brancas para cobrir as mesas, colher frutas para as compotas. E o abade disse que junto com o marquês virão mais de cem pessoas, pois daqui ele irá para Toulouse visitar o tio, o duque Raimundo d'Orville.

– Toulouse! Mas é tão longe!

Sem atentar para a observação do amigo, Bernard sonhava:

– Dizem que Toulouse é rica e bela! Lá, os mercadores são tão ricos quanto o rei e viajar é tão simples como ir à missa.

– Exageras, como sempre!

– Talvez, mas com certeza Toulouse oferece mais oportunidades que esta aldeia, não concordas?

– Concordo.

E Pierre pensou na escassa comida à sua mesa, nas muitas bocas a satisfazer, nas pesadas taxas que tinham de pagar, na pouca terra cansada pelo inverno rigoroso e pelas pilhagens sem trégua dos assaltantes. Sentiu uma vontade enorme de ir à Toulouse com Bernard... aprender um ofício, como ele dizia...

– Pierre! Ei, onde estás com os pensamentos? – chamava Bernard. – Há dois minutos que te chamo e não ouves! Pierre!

– Hum?

– Em que pensavas? – quis saber Bernard.

– Eh?! Em nada, meu irmão, em nada! – disfarçou.

– Pois aposto que sei no que pensavas, Pierre! – desafiou o amigo.

– É? E o que apostamos?

– Este último pastel, inteirinho, para o ganhador.

– Então dize, fanfarrão!

– Pensavas em ir comigo para Toulouse...

– Tomara que te engasgues com o pastel até ficares roxo!

E, ao som da risada de Bernard, Pierre correu de volta até sua carroça, com uma sensação inexplicável apertando-lhe o peito.

3

A Taberna do Galo Atrevido

O taberneiro Eudes, um aldeão com conhecimentos em contas e vinhos, gerenciava a Taberna do Galo Atrevido, junto com sua mulher Hilde e seus dois filhos, Hermengard e Gérard. Todos trabalhavam em troca de casa e comida, pois a taberna pertencia ao marquês, assim como o vinho e a cerveja ali consumidos.

O Galo Atrevido tinha esse nome por causa de Hilde, a mansa mulher de Eudes. Contam que um dia, com a casa lotada, correndo de mesa em mesa para servir a todos da melhor forma possível e ouvindo calada os maus-tratos de Eudes, que bebera um pouco além da conta, Hilde viu chegar e se postar à porta da taberna um jovem e novato padrezinho, que se pôs a predicar contra sua taberna: "Pois sendo esta a porta do inferno que desvia os fiéis dos santos ofícios, não pode ser uma casa abençoada..."

Num súbito ataque de fúria, a mansa Hilde agarrou o padrezinho e irrompeu com ele taberna adentro, aos gritos:

"Além de fiar, espadelar o linho, descascar o cânhamo, lavar a roupa e arrancar beterrabas, dou meu sangue nesta taberna. Pois se tu não a abençoares, vou matar a ti e a este javali bêbado!"

O padrezinho, atônito, apressou-se em fazer-lhe a vontade, enquanto Eudes se escondia atrás do balcão...

Os frequentadores irromperam em vivas para Hilde, que mostrara ser o galo da casa, e um galo bem atrevido...

Se Eudes, depois que passou a bebedeira, reclamou, ninguém sabe. O que se sabe é que a frequência em sua taberna aumentou – afinal, era uma taberna abençoada.

Naquela tarde de sábado de feira, a Taberna do Galo Atrevido estava fervilhando. Os homens da aldeia e dos arredores se comprimiam nas mesas com seus copos de vinho. Um clima de insegurança pairava no ar. Eudes procurou com os olhos a mesa do administrador Guillaume, seu copo de vinho já estava por acabar. Aproximou-se então dele com o jarro nas mãos:

– Posso servi-lo de mais vinho, senhor Guillaume?

– Não, taberneiro, já estou saindo. Volto amanhã para me prestares as contas.

– Sim, senhor.

– As pessoas parecem não ter pressa hoje, comentou o administrador, enquanto se levantava e corria os olhos pela taberna lotada.

– Com efeito, é o que parece – respondeu Eudes, procurando aparentar calma.

Assim que o administrador saiu da taberna, todos os olhos se voltaram para a mesa onde estavam Jerôme, Allain e Gontran; Pierre ficara na carroça, agora com Chevalier perto de si.

– Queres falar tu primeiro, primo Eudes? – indagou o pai de Pierre.

– Não, primo. Podes começar.

Jerôme fitou por um momento os rostos encovados e exaustos dos camponeses... Tomou coragem e principiou:

– Amigos, estamos sabendo que o moleiro Felipe, resguardado pelo administrador, aumentou a taxa de moagem. Ora, já era difícil conseguir o trigo com o que pagávamos antes, imaginem então agora! Estamos à beira da fome. De que adianta os bosques estarem cheios de coelhos, esquilos e aves se não podemos caçá-los, correndo ainda o risco de sermos enforcados se desobedecermos à lei? Trabalhamos noite e dia; somos perseguidos pelos incêndios, pelos saques, pelos castigos, para servir à frivolidade do senhor. Temos que fazer algo, amigos, e logo!

– Mas o que sugeres que façamos? – perguntou um camponês.

– Que peçamos ao marquês um pouco de boa vontade, um acordo, uma diminuição de taxas e de impostos – manifestou-se Allain.

– Para isso, seria preciso que ele nos considerasse como seres humanos, filho.

Quem falara era mestre Gaen, um homenzinho franzino, de longas barbas desgrenhadas, que vivia nos bosques e florestas de Plessis. Aparecera sem que se soubesse de onde e fora ficando. Diziam que, outrora, fora um gentil-homem que empreendera uma cruzada para a Terra Santa. Ao voltar, dedicara-se a errar pela mata, a colher plantas e ervas. Malgrado a desconfiança por sua origem obscura, os camponeses tinham se acostumado com sua presença, seus emplastros que curavam e seus conselhos sempre providos de bom-senso.

– O marquês de Plessis é um nobre, filhos – continuava o homenzinho –, e, como tal, julga-vos pouco mais que bestas selvagens.

– Mas precisamos tentar, mestre Gaen – argumentou Allain.

– Mas não vades de mãos vazias: acautelai--vos, armai-vos. Conheço o coração da alta linhagem, lá não há lugar para vós.

– Não nos resta outra saída, mestre Gaen – falou um outro camponês.

– Restam vossas vidas! É isso que deveis proteger.

– Não somos soldados, como faremos isso? – quis saber Eudes.

– Organizando-se para um ataque, caso o marquês não perdoe a vossa afronta por tal ousadia!

Um murmúrio de espanto tomou conta da taberna.

– Sugere-nos a revolta, velho insano? – indagou, assustado, o pai de Pierre.

– De que outro modo quereis ser ouvidos? – replicou mestre Gaen.

Podia-se ouvir o voo de uma mosca naquele momento. Os camponeses estavam silenciosamente medindo suas probabilidades: não havia muitas. Ou se calavam, e viam seus filhos morrerem de fome, ou tentavam negociar, arriscando-se à luta e à cólera do senhor.

Até que finalmente Gontran quebrou o silêncio:

– Temos algo em nosso favor! O marquês virá na Semana Santa com sua comitiva para festejar, portanto estará de boa vontade e nos ouvirá em audiência.

– Supondo que ele nos ouça, o que diremos, pelos santos óleos?! – era Joselin que se manifestava.

– Ora essa, a verdade! Que estamos esmagados sob taxas e que não podemos aguentar mais essa do moleiro Felipe – respondeu Gontran.

– Aproveitaremos a presença do arcebispo e pediremos também a redução dos dízimos – gritou outro camponês, sentado em um dos cantos da taberna.

– Proporemos também uma divisão mais justa no uso do forno do castelo: metade da nossa fornada é um preço muito alto! – bradou mais um.

– Isso! Proporemos negociações mais justas! – exclamou uma outra voz, acompanhada de um murmúrio de aprovação.

– Não basta só audácia – a voz de mestre Gaen se fez ouvir, serena. – É preciso que vos acauteleis com armas, cavalos... Preparai uma fuga, se for preciso.

– Cala-te, ó mestre Gaen! – replicou Gontran. – Apenas queremos negociar, não queremos guerrear com nosso senhor!

– Vós não quereis porque lutais pela vida, mas o vosso senhor luta por hábito... – alertou o homenzinho.

– Não na semana da Páscoa! Não com o arcebispo como hóspede! – exclamou Gontran.

– Acreditais, deveras? – replicou o mestre.

– Acredito que o marquês deixará passar a Ressurreição, então teremos ainda dois ou três dias para agir.

Allain, que se mantivera calado, pensativo, perguntou:

– Se preciso for, tu nos guiarás pelos pântanos, mestre Gaen?

– Podes contar como certo.

– É preciso que se escolha três representantes para a audiência com o marquês – lembrou Allain.

Os homens voltaram os seus rostos para o pai de Pierre, que rapidamente decidiu:

– Allain, Joselin e Gérard, o filho de Eudes.

Jerôme olhou então para eles e depois para os outros e buscou a certeza:

– Todos sabem o risco que corremos?

A ira que viu naqueles rostos cansados, tostados de sol, escuros de fuligem, acostumados ao trabalho injusto e ao desprezo pela sua dor, confirmou que sabiam...

– Então, voltemos para casa – finalizou.

Mestre Gaen, com um gesto, impediu que se levantassem:

– Cada um de vós que tiver algo que possa servir de arma, como forcados, rastelos, enxadas, deixai com Eudes. Se algo der errado, saberemos onde nos encontrar e iniciar a luta sem despertar suspeitas... Teremos pelo menos o benefício da surpresa.

Todos entenderam e, aos poucos, a Taberna do Galo Atrevido ficou vazia.

4
A revolta dos forcados

Na semana da Páscoa, a comitiva do marquês chegou finalmente aos seus domínios. Mais de cem pessoas faziam parte dela.

O marquês vinha na frente, com seu primo e arcebispo Teobaldo; logo atrás, a marquesa, suas aias e alguns barões e cavaleiros – seguidos de uma tropa de escudeiros, da infantaria e da cavalaria; mantendo alguma distância, um comboio de bestas carregando malas e baús.

Os camponeses, entre indignados e fascinados, viam passar o cortejo, adivinhando que tudo aquilo significaria pomares e celeiros vazios e mais taxas para pagar...

Na entrada do castelo, a comitiva foi recepcionada pelo abade Godofredo, seguido por Bernard, que carregava o emblema verde e azul do

marquês, e dois guardas do castelo, um com o emblema do rei e outro com o emblema da cruz, que formavam o triângulo das boas-vindas.

O marquês se instalou sem perceber a hostilidade dos camponeses e três dias passaram-se entre o frenesi de caçadas, ofícios em honra aos marqueses, almoços e jantares para os convidados. No quarto dia, o administrador Guillaume marcou a audiência para os camponeses. Era quinta-feira santa.

Na hora marcada, Allain, Joselin e Gérard, junto com o administrador, estavam presentes em frente ao marquês e seu primo, o arcebispo Teobaldo.

A um sinal do senhor, Guillaume se adiantou e foi mostrando as petições, as taxas do uso do forno do castelo, o resultado da colheita do trigo, os cálculos para o aumento da taxa da moagem, os números das vendas na taberna e, finalmente, dando por terminada a explicação, passou os papéis administrativos para o marquês, que com outro aceno de cabeça o fez voltar para junto dos outros três, que se encontravam visivelmente deslocados. O marquês interpelou-os com impaciência:

– E vós? Que trazeis?

Allain adiantou-se um passo:

– Acreditando em vossa bondade e justiça, senhor, queremos falar-vos de redução de taxas.

– Estais pretendendo dizer-me que quereis negociar o que me é devido por direito imemorial? – respondeu, colérico, o marquês.

Trêmulo, de olhos baixos, Allain continuou:

– Nossa situação é tão cruel, senhor, que ousamos clamar a vós que não permitais que o moleiro Felipe aumente a taxa de moagem – isso seria nos deixar sem trigo!

E Joselin completou:

– E pedimos também, senhor, que seja diminuída a taxa cobrada pelo uso do forno do castelo. A metade de cada fornada é injusta!

O marquês estava perplexo:

– Mas é uma ousadia sem tamanho! Guillaume, o que se passou na minha ausência?

– Apenas uma colheita ruim, marquês! – balbuciou o administrador, não acreditando no que ouvira.

– Quereis dizer que não sabíeis destas reivindicações feitas por estes ingratos?

– Juro-vos, senhor.

Gérard aproveitou um instante de reflexão do marquês para completar:

– E queremos pedir também ao arcebispo a isenção dos dízimos.

Irritado, o arcebispo explodiu:

– Estou ouvindo que não quereis pagar nem o que é devido a Deus? Ousais renegar o preço do perdão para vossas almas? Pelos santos olhos do Cristo! Atrevei-vos a questionar vosso benfeitor, vosso rei, vosso Deus?

– Não se trata disso, senhor! Os impostos, as taxas nos esmagam! Só queremos renegociar esses números! – pediu Allain.

O marquês dirigiu-se para o primo:

– Que vos parece, arcebispo?

– Parece-me que foram picados pelo germe da ganância! – resmungou o religioso.

– E o que me recomendais?

Lançando um olhar cruel para os três pobres camponeses, que mal se mantinham em pé tal o terror que os invadia, o arcebispo aconselhou:

– Ao não pagamento do dízimo, aplica-lhes a excomunhão; ao não pagamento das taxas, a forca! Para servirem de exemplo aos outros, para não passares de tolo aos teus pares e para te impores aos teus comandados.

Depois de ouvir atentamente, o marquês decretou:

– Vós ouvistes! Soubestes fazer o discurso de vossas vontades; fazei agora o de vossa defesa!

Allain nem precisou consultar os companheiros para dizer:

– Não mudaremos o que viemos propor-vos, senhor.

– Não temeis por vossas almas excomungadas? – perguntou o arcebispo, furioso.

– Meu senhor, o papa e seus servidores sorvem nosso sangue e nosso suor, e de igual modo age nosso marquês! Pois que fiquem com nossas almas, então! – desabafou Allain.

O arcebispo voltou-se para o primo, indignado:

– A ferros com estas bestas selvagens! Parece que não sabem que a única coisa que possuem é o próprio corpo nu! Além de ousarem falar-te com cinismo! Malditos miseráveis! Infiéis!

O marquês aproximou-se da mesa, apanhou um sino de bronze e tocou-o fortemente. Dois guardas armados entraram:

– Guardas, prendei estes três homens na masmorra até segunda-feira, de onde só sairão para serem enforcados.

Quando os guardas saíram, levando os prisioneiros, o marquês olhou para o perplexo Guillaume:

– E tu, mantém-me informado se notares algum movimento suspeito na aldeia.

Quando o administrador saiu, o arcebispo perguntou:

– Confias nele?

– Sim, quer colocar o filho na minha cavalaria – respondeu o marquês de Plessis. – Não arriscaria essa ambição por estes rústicos. De qualquer forma, minha guarda ficará de prontidão.

– Melhor assim.

Os camponeses, vendo o administrador voltar sozinho do castelo, souberam que os seus rapazes não voltariam. Como era quinta-feira santa, teriam três dias para tentar resgatá-los e fugir... Mas o destino precipitou-se, através do abade Godofredo, que, querendo contornar a situação, pediu ao arcebispo Teobaldo que fizesse o sermão da noite.

Ainda zangado pela afronta sofrida, mal dominando sua indignação, o arcebispo começou a maldizer a todos, com violentas expressões. Os camponeses, que estavam no limite da tolerância, viram reacender no sermão do arcebispo o ódio contido a duras penas. Como um estopim que alcança o barril de pólvora, a violência explodiu em forma de uma pedra atirada contra ele, e o pandemônio instalou-se na igreja. Ninguém mais lembrou-se de que era um dia santo...

Altares foram derrubados, bancos quebrados e as velas no chão começaram a espalhar um rastro de fogo. O abade Godofredo e o arcebispo, ensanguentados, fugiram em pânico.

Da igreja, os camponeses se dirigiram ao moinho de mestre Felipe e igualmente atearam fogo, enquanto gritavam, ensandecidos:

– O demônio manda pagar-te a taxa, moleiro!

Rumaram em seguida para a Taberna do Galo Atrevido, onde Eudes já os esperava com as "armas".

Mestre Gaen, que estava na taberna, ainda tentou acalmá-los, já arrependido do conselho que dera e pressentindo uma tragédia. Esforço inútil. Restou-lhe apenas ser um mero espectador dos terríveis acontecimentos que se seguiram.

Viu então os camponeses, ensandecidos, brandindo com ferocidade seus forcados, rastelos, enxadas, seguidos pelas mulheres e crianças, que levavam as mãos cheias de pedras. Iam para a casa do administrador, chamando-o com violentas imprecações, sob um ódio incontrolável.

Viu os guardas do marquês avançando sobre eles, jogando seus archotes dentro das casas, ateando fogo, e suas lanças prontas para atacar qualquer coisa que se movesse...

Pierre, que também se encontrava na taberna, pensou logo em Bernard assim que percebeu a intenção dos camponeses. Tratou de correr até a casa do amigo, mas chegou tarde. Já a casa do administrador ardia, rapidamente sendo devorada pelas chamas.

– Bernard! Bernard! – gritava Pierre, desesperado, em meio à confusão de gente fugindo, animais correndo, lanças, enxadas, fumaça, gritos... Foi quando ouviu, aliviado, dois assobios longos e um curto...

Juntos, finalmente, os dois amigos não sabiam para onde ir, quando viram surgir à sua frente mestre Gaen:

– Vamos, meus filhos, precisamos sair daqui, e logo! Nada mais pode ser feito! – e, pegando em suas mãos, tratou de afastá-los daquelas imagens de horror.

Depois de uma rápida corrida, chegaram a uma touceira, que mestre Gaen retirou deixando à mostra uma tampa, que ele puxou para o lado. Mandou então que Pierre e Bernard entrassem no poço úmido, na verdade uma saída subterrânea que os levaria para além dos muros do castelo.

– Ide, meninos! Tentarei trazer outros!

– E meus pais, mestre Gaen? E meus irmãos? – Pierre não conseguia conter o desespero.

– Calma, Pierre, eu vou procurá-los – mestre Gaen tentou acalmá-los. – Mas vós não podeis ficar aqui: é muito úmido. Sigai sempre em frente. Saireis no bosque. Vai ser fácil achar o caminho para a minha cabana. Agora, ide!

Pierre e Bernard obedeceram e mestre Gaen voltou para ver a aldeia inteira ardendo em grandes labaredas; a Taberna do Galo Atrevido nada mais era do que um monte de cinzas; mortos por toda parte...

Deixando a aldeia, mestre Gaen seguiu em direção ao castelo do marquês de Plessis. Da casa do pai de Bernard, o administrador Guillaume, uma nuvem espessa de fumaça negra erguia-se rumo ao céu.

À medida que se aproximava do castelo, mestre Gaen sentia uma grande inquietude. Tudo estava muito quieto, até o ar estava parado. Quando finalmente o castelo surgiu inteiro em seu campo de visão, mestre Gaen não pôde evitar um arrepio: três enforcados balançavam à entrada do castelo!

O marquês, numa tentativa desesperada de amedrontar os revoltosos, havia antecipado a execução de Allain, Joselin e Gérard!

A tática surtiu efeito e a revolta foi rechaçada, mas não haveria mais almoço de Páscoa em Plessis. Pouco restara da aldeia e os sobreviventes choravam as suas mortes. Quanto ao marquês, tão logo a revolta começara, toda a sua comitiva voltara às pressas para o seu palácio, em Paris.

5
Um tempo para ouvir histórias

Pierre e Bernard saíram do subterrâneo em silêncio. Podiam sentir seus corações batendo acelerados. Deixando atrás de si a aldeia incendiada, caminharam por entre charnecas e pântanos, até a cabana de mestre Gaen, no interior do bosque.

Pierre conhecia o caminho, de tanto vagar com os porcos... e com Chevalier em seus calcanhares... Chevalier que tivera sua cabeça arrancada do corpo com um golpe de sabre! Os soldados do marquês gritavam: "Não deixem um animal vivo, matem tudo o que se mexer!". Gritos que ainda ecoavam em seus ouvidos.

Exaustos, entraram na cabana vazia e sentaram-se nas palhas secas, mudos e cônscios da tragédia que se abatera sobre eles. Mas logo o cansaço fechou os seus olhos e dormiam profundamente.

Amanhecera havia algum tempo, quando mestre Gaen chegou e os acordou:

– Alguém vos seguiu? – perguntou.

– Oh! Não, senhor! – responderam. E Bernard perguntou em seguida:

– Estás sozinho, mestre Gaen?

– Sim. A aldeia virou cinzas.

E, como os dois já compreendiam muito sobre fatalidade e nada mais podia ser feito, perguntou:

– Tens alguma coisa para comer?

Pierre tirou um pedaço de pão do bornal e deu-lhe. Mestre Gaen mastigou-o com vontade, depois tirou um frasco preso num cordão que trazia enrolado na cintura e fez os dois meninos beberem:

– É uma beberagem que acalma. Eu mesmo preparei enquanto vinha encontrar-vos.

– És feiticeiro, não és, mestre Gaen? – quis saber Pierre.

– Não, fui pastor, como tu, Pierre, mas isso foi há muito tempo, em Poitiers. Querem ouvir a história? Ajudará a passar o tempo.

– Ó, sim, mestre, conta-nos! – pediram os dois meninos.

"Era o ano de 1218, e corria pela cidade a notícia de que o abade Lezay formaria uma peregrinação, chamada de Cruzada do Povo, até Santiago de Compostela, na Espanha.

Aquele havia sido um ano de colheitas fracas, e a fome levou muitos a tomar a cruz na esperança de ganhar comida e riqueza nas pilhagens feitas pelo caminho. Mas eu e outros como eu queríamos, além de ver as relíquias de São Tiago, seus veneráveis ossos, conhecer outros lugares, viajar. Então, vendi todo o meu rebanho e me alistei na cruzada.

A Cruzada do Povo recrutava soldados desativados, trovadores, monges, mulheres, crianças, pastores, prostitutas, salteadores disfarçados e até mesmo alguns cavaleiros. Todos, ávidos por receberem a cruz das mãos do próprio abade, gritavam:

– Cruzes! Dai-nos cruzes!

Dezenas de cruzes vermelhas foram distribuídas e uma arrecadação geral executada pelo abade: ninguém, de nenhum sexo, grupo ou posição, foi dispensado.

Foi preparada uma rota por terra, consideradas as vantagens e desvantagens do percurso, avaliada a hospitalidade dos gascões e dos bascos, que abriam sem problemas os portões de suas cidades às caravanas. Tudo acertado, marcou-se a partida para a primavera, para estarmos ao sopé dos Pireneus antes das chuvas.

No dia da partida, os sinos badalaram num vibrar incessante e, na multidão que se reuniu para a despedida, muitos desfaleciam, devido à emoção e ao calor. Uma colônia de leprosos pedia, de joelhos, que rogássemos por eles junto aos santos ossos de São Tiago de Compostela.

Nunca teria imaginado aquele mar de carretos e de carroças com altas pilhas de ferramentas e utensílios de cozinha; cavalos, tendas, rebanhos de carneiros e bois; as vozes exaltadas dos cruzados, com suas cruzes vermelhas ao peito, recitando salmos, dando graças ou simplesmente entoando canções.

O próprio abade Lezay comandava os soldados, portando suas bandeiras com a cruz. Do lado deles, a legião de monges com seus hábitos marrons e cruzes no peito; depois vinha o povo, em tantos agrupamentos que era impossível contá-los.

Marchávamos animadamente para Bordeaux, muitas vezes cobrindo de cinco a dez quilômetros por dia, pelas regiões cobertas de matas, atravessando rios e prados.

No final de cada tarde, o abade soava o toque de recolher; começávamos a erguer acampamento, as fogueiras eram acesas, dividiam-se os suprimentos de água e da carne obtida pelo abatimento dos animais.

A carreta com o sino de bronze e a cruz era trazida para perto do fogo, o abade soava o Angelus e dava início ao ofício, com todos ajoelhados.

Depois de uma semana de marcha, os ânimos se habituaram à rotina: levantávamos antes do nascer do sol, desmontávamos as tendas, atrelávamos os animais às carretas. O abade Lezay, incansável, liderava as orações matutinas e logo em seguida iniciávamos a caminhada. As mulheres que seguiam a cruzada suportavam as mesmas condições, sem pedir ou receber privilégio.

Um mês após a partida, chegamos a Bordeaux. O abade estabeleceu que a cidade não fosse saqueada, pois era ali que deveríamos reabastecer nossas provisões. Não obstante, mal havíamos atravessado os portões da cidade, os cínicos salteadores atiraram-se sobre as provisões e mercadorias do mercado e começaram o saque.

Esse ato de violência provocou represália dos comerciantes locais, que entraram na briga com facas, porretes, pedras, além dos soldados com seus sabres, ferindo e matando muitos cruzados. Mulheres, que minutos antes fiavam pacatamente, corriam aos gritos; homens pararam de trabalhar ao se verem, de repente, em meio ao pandemônio, que só parou quando o arcebispo de Bordeaux, em pessoa, garantiu-lhes que deixaríamos a cidade imediatamente, proibidos de comprar comida ou vinho. O delicioso vinho da região!

O abade Lezay, atarantado, gritava ao arcebispo, com o rosto em lágrimas: 'Tudo isso pude prever, senhor, mas, bom Deus!, não pude evitar'.

Por fim, com dificuldade, auxiliado pelo arcebispo, sem saber direito como lidar com a situação, o abade nos colocou em marcha, sob as imprecações dos ofendidos cidadãos de Bordeaux.

Foi nesse dia que conheci o monge Abelardo. Ele estava imóvel junto aos cadáveres, estupefato de aflição. Compreendi que era preciso tirá-lo daquela mórbida fascinação:

– Deixa-os aí mesmo, mestre – disse-lhe. – Não há tempo para enterrá-los. A cruzada passa e o povo da cidade está impaciente para fechar-nos o portão. Vem!

Ele se deixou levar por mim e, lado a lado, atravessamos as muralhas. A partir daí, nasceria uma camaradagem entre nós que só terminaria com a sua morte, cinco anos depois.

Mas a cruzada seguia sua rota rumo a Santiago de Compostela. Rumávamos pelos charcos, seguindo a escarpada região da Gasconha. Alguns, já saudosos de casa, desistiam e ficavam pelo caminho; outros, não vendo suas ganâncias de pilhagens e violências satisfeitas, criavam confusão, insuflando a revolta com os gritos de: 'Ao saque! Ao saque!'.

Foi um rude golpe para o abade Lezay perceber que seu rebanho estava ficando sombrio e inquieto, que as provisões, que não puderam ser repostas em Bordeaux, estavam no fim. Já se matavam os poucos cavalos para saciar a fome.

Entretanto, a minha amizade com o monge Abelardo ia se fortalecendo. Ele era afável, inteligente, apaixonado pela leitura e eu, curioso, ia lhe perguntando o desenho das letras, o significado de certa frase, o sentido disso, o teor daquilo. Era também um grande contador de histórias e me fascinava com os relatos sobre Artur, Carlos Magno e Rolando, e sobre Júlio César, que era tão bravo que cruzara o mar sem invocar o nome de Cristo!

Uma noite, ao redor do fogo, com sobriedade, ele me disse:

– Eis que me tornaste teu mestre...

Por mais um mês avançamos até que chegamos ao sopé dos Pireneus. A subida foi penosa: carroças tiveram que ser abandonadas, a comida rareava, alguns rios tinham suas águas poluídas por cadáveres de homens e animais, que exalavam um fedor nauseabundo.

Finalmente, com o corpo em frangalhos, as roupas esfarrapadas, as crianças emagrecidas e chorosas, sem rebanhos nem víveres, a Cruzada do Povo vislumbrou a cidade de Santiago de Compostela. Chegáramos ao destino! O ponto de convergência da cidade era a sua catedral, em cuja cripta repousavam os santos ossos de São Tiago. Lá os peregrinos se amontoavam, pedindo graças ao amado pescador de almas.

Depois de saciada a curiosidade religiosa, resolvemos ficar na cidade, albergados na abadia, sob a ordem de monge Abelardo, a dos beneditinos, para que eu pudesse completar meu aprendizado.

No final do quinto ano, intoxicado por um peixe estragado, meu mentor morreu, e eu retornei a esta farta região do Midi, resolvido a me dedicar ao segredo das ervas que meu bom amigo Abelardo tão generosamente me ensinara."

Com estas palavras, mestre Gaen encerrou sua narrativa e se dirigiu a Pierre e Bernard, que a tudo tinham ouvido atentamente.

– E é só. O resto vós sabeis, meus jovens.

– Sabes que pensam que és bruxo? – indagou Pierre.

– Sei disso, mas apenas busco o conhecimento. E reconheço que isso pode se tornar uma heresia imperdoável.

– Mestre, não é pecado que tenhas tanto conhecimento e não o confesses aos padres? – quis saber Bernard.

– Não, não é... Alguns religiosos têm inveja do conhecimento alheio e um medo insano das transformações que ele traz; têm também um medo absurdo de perder o controle sobre nossas pobres almas e... nossos pertences.

– Mas eles vieram ao mundo para velar por nós, não vieram?

– Os religiosos são bem estranhos, Bernard. Preocupam-se com a misericórdia, com os doentes, com os mendigos, mas não hesitam em queimar os que não pensam como eles.

Pierre e Bernard ficaram quietos. Haviam visto fogueira em demasia...

Quando a noite chegou, os três deixaram a cabana. Só andariam à noite, até deixarem os domínios do marquês.

Mestre Gaen preparara um mapa, que os guiaria até Toulouse. Andariam através dos bosques, evitando as estradas, que provavelmente estariam atulhadas de guardas caçando possíveis fugitivos da revolta. Em Toulouse, estariam em segurança na casa de um mercador judeu, amigo de mestre Gaen, que daria guarida a eles até as coisas se acalmarem. O temor não era tanto por Bernard, mas mais por Pierre. Mesmo sendo inocente, não escaparia da forca se fosse pego.

De vez em quando, mestre Gaen olhava para as estrelas, consultava seu mapa e explicava para os fatigados garotos:

– De Poitiers, desceremos até Lusigan, Niort, Angoulême e, afinal, Toulouse. E sempre por dentro das florestas, evitando as aldeias. Quando chegarmos perto da cidade, eu vos deixarei, vós vos misturareis com os visitantes e peregrinos e procurarão pelo mercador Isaac, neste endereço. Ele saberá o que fazer.

Pegando o papel que mestre Gaen lhe estendera, Pierre perguntou:

– Não vens conosco, mestre?

– Não, Pierre. Nada tenho a fazer em Toulouse, mas prometi a teu irmão que vos guiaria através dos pântanos, naquela tarde, na taberna. Mal sabíamos que eu apenas conduziria dois jovens... – Vendo a tristeza de Pierre e Bernard, o mestre acrescentou: – Acreditem, em Toulouse vos aguarda o futuro...

6

Toulouse

Depois de três semanas de penosa viagem, finalmente avistaram os muros de Toulouse, que protegiam a cidade dos invasores e das pilhagens. Mestre Gaen já desaparecia entre as árvores...

Enfim, Toulouse! Incrustada na distante região do Languedoc, eriçada de torres e campanários, com suas ruelas estreitas iluminadas por velas de sebo. A cidade dos trovadores e dos poetas do amor, da língua *d'oc*, uma ilha sonora, risonha, com seus sinos perpetuamente convocando os fiéis para os ofícios.

Com cerca de vinte mil habitantes, Toulouse era um centro regional importante, por causa dos portos de Aigues Mortes e Narbonne e seus grandes cais vermelhos, às margens do rio Garonne.

À medida que se aproximavam, Pierre e Bernard viam os campos cultivados e o movimento aumentando na estrada. Atravessaram suas portas e entraram num mundo novo de cores e movimento. O grito dos vendedores de verduras, de aves, misturava-se ao tanger dos sinos, ao apelo do pedinte, ao ranger das carroças, aos pios das galinhas e grasnar de patos.

As ruas estreitas pareciam conter mais gente do que realmente havia. Alguns carroceiros, aos berros, conseguiam desimpedir o caminho, encontrando um bom lugar para expor suas mercadorias.

Pierre e Bernard estavam tontos. Toulouse era muito mais do que tinham imaginado! A garganta secara-lhes e sentiam-se com medo de serem tragados pela multidão.

A poucos metros deles, um pregoeiro, que a muito custo se fazia ouvir, convidava as pessoas a visitarem as miraculosas relíquias de São Brandão, guardadas na abadia de Saint-Sernin, enquanto dedilhava na guitarra a peregrinação do mártir:

"São Brandão deixou seu convento na Irlanda para buscar o Paraíso. Viajou durante sete anos indo de ilha em ilha presenciando maravilhas: viu lâmpadas que se acendiam sozinhas nas horas dos ofícios; festejou a Páscoa no dorso de um tubarão; assistiu a um combate entre um dragão e uma serpente marinha, que lhe ofereceu a vitória; encontrou Judas refugiado num estreito rochedo perto da goela do inferno.

Finalmente, foi levado pelo mensageiro de Deus ao Paraíso, cercado de muralhas de pedras preciosas, árvores com flores de ouro, rios cheios de leite e mel e animais dóceis e encantadores, que não conheciam nem fome, nem frio, nem dor...

Vinde, vinde a Saint-Sernin pedir graças às relíquias de São Brandão; vinde ver as relíquias miraculosas: duas tíbias, o pescoço e uma

parte do crânio. Vinde, o Santo Abade vos recebe, peregrinos..."

A referência a São Brandão, de quem o pai de Bernard fora devoto, tirou o garoto do estado de atordoamento:

– Perguntemos ao pregoeiro onde fica a igreja de Saint-Sernin, Pierre – disse.

– Tens interesse em ver os Santos Ossos?

– Também, mas estava pensando em pernoitar na igreja; nos apresentamos como peregrinos, ganhamos uma escudela de sopa e um teto para passarmos a noite que se aproxima. Vem, Pierre.

O pregoeiro, de muito bom grado, indicou o caminho, satisfeito por ter recrutado dois fiéis...

Pierre e Bernard para lá se dirigiam quando viram uma aglomeração ao redor de um grupo de saltimbancos que se apresentava: dois malabaristas vestidos com calções coloridos jogavam várias bolas para o ar com uma destreza incrível; um homem franzino, pouco maior que uma criança, engolia tochas de fogo; um outro, um gigante com grandes bigodes e turbante, arrebentava com sua força enormes correntes que o prendiam.

As pessoas, entusiasmadas, batiam palmas, e algumas lhes atiravam moedas, que um bufão coberto de guizos se apressava em apanhar do chão. A cada moeda que ele pegava, fazia caretas cômicas para o público, gestos obscenos e piruetas complicadas, que levavam a plateia a um riso escrachado.

Bernard e Pierre assistiam entre fascinados e chocados à apresentação, até que sobre o alarido propagou-se o repique dos sinos. Alguém esbarrou em Pierre, gritando:

– O carrilhão de Santa Radegunda chama para os ofícios!

Automaticamente os dois seguiram o torvelinho que se dirigia para a direção que lhes indicara o pregoeiro. Logo avistaram a fachada da igreja, lavrada em tijolo e pedra, ladeada pela torre octogonal, perfurada por imensos vitrais, com seus arcos ogivais, de onde pendiam campanários de prata espanhola, presente do duque Guilherme IX, 150 anos antes.

– Como é bela! – exclamou Bernard.

Subiram os degraus que conduziam ao pórtico e entraram, persignando-se como os outros fiéis. Foram então envolvidos pelas trevas e pelo frescor das abóbadas, assentadas sobre enormes pilares, que dissimulavam sua sombra com reflexos dos murais de tons vivos.

Nesse instante, abriu-se a porta da sacristia e um sacerdote vestido de negro, com a cabeça coberta por um solidéu púrpura, penetrou na rotunda seguido por outros dez religiosos vestidos iguais a ele. Sentaram-se em enormes cadeiras, de costas para os fiéis que lotavam a nave.

Sozinho no centro do púlpito, em pé, de braços em cruz, o sacerdote olhava para os fiéis sem vê-los, agigantando-se sombrio, enquanto iniciava sua liturgia naquela língua estranha, que todos os católicos aprenderam a ouvir, mas que a Pierre soava sempre lúgubre. O cheiro de incenso penetrou em suas narinas, e ele não pôde deixar de pensar que preferia estar vendo os saltimbancos...

7

Grande medo e maior coragem

Ao terminarem suas escudelas de sopa, Pierre e Bernard foram levados ao pavilhão dos peregrinos, onde dezenas de pessoas dormiam, deitadas no chão.

Bernard, exausto, dormiu imediatamente, mas Pierre não. Estava aflito. Nos bosques, Bernard lhe confessara que não iria à casa de um mercador judeu; ele seria um bom cristão, como seu pai fora, e não entraria jamais na casa de "um matador de Cristo". Iria ele mesmo procurar o duque D'Orville. Com as aulas recebidas do abade Godofredo, tinha certeza de ser recebido por ele.

Pierre tentara dissuadi-lo, mas nada conseguira. E aquela inexplicável sensação que sentira na feira da aldeia voltava a perturbá-lo. Aos poucos, o cansaço foi vencendo esses incômodos pensamentos e Pierre adormeceu...

Acordou com o burburinho à sua volta, pois todos queriam o pedaço de pão que os monges distribuíam. Olhou para o lugar onde Bernard se deitara na noite anterior. Ele não estava ali! Teria ido pegar seu pedaço de pão?

Procurou-o por toda a abadia, mas não o encontrou. Um receio começou a invadi-lo e, desvencilhando-se dos outros peregrinos às cotoveladas, saiu da igreja correndo; Bernard não deveria estar longe.

A luz da manhã bateu em cheio em seu rosto quando conseguiu descer os degraus e alcançar a rua, que já começava a se encher de pessoas. Pierre corria pelas ruelas, recusando-se a entender que Bernard fora cumprir seu destino e que ele deveria cumprir o seu.

Depois de algum tempo, cansado, sentou-se num degrau de uma igreja. Havia tantas igrejas em Toulouse! Tirou do cordão enrolado em sua cintura o frasco que mestre Gaen lhe dera e bebeu.

"Tome dois goles, nunca mais que isso."

Mercador Isaac! Ele era amigo de mestre Gaen e o protegeria; e era isso que importava, no momento. Sentindo-se melhor, dominou o medo que lhe secava a garganta e pôs-se a andar. Chegou a um bairro isolado, mas limpo e com casas confortáveis. A do mercador Isaac era sólida e luxuosa.

Tocou o sinete da porta com mãos trêmulas. Uma mulher abriu a porta e Pierre pediu-lhe que entregasse a mensagem de mestre Gaen para o mercador. Instantes depois, o próprio Isaac apareceu e, muito amável, fez com que Pierre entrasse. Deu-lhe comida, água e, sem perguntas, levou-o a um quarto limpo, quente, onde havia uma cama macia. Pierre, também sem se fazer mais perguntas, dormiu como há muito tempo não dormia.

Ficou uma semana na companhia do mercador, recuperando as forças, conversando sobre os acontecimentos e mestre Gaen, enquanto o mercador procurava-lhe uma colocação. No fim desse período, Isaac levou-o à oficina de um sapateiro:

– Eis o garoto, mestre Gilles!

– Ah! És tu que queres aprender meu ofício? – perguntou o artesão, enquanto examinava Pierre atentamente.

– Sim! E o senhor Isaac disse-me que irei aprender com o melhor sapateiro de Toulouse! – respondeu Pierre, querendo causar a melhor das impressões.

– Por certo! É trabalhar por cama e comida; sem receberes um soldo! E é trabalho o dia inteiro; à noite, dormes aqui mesmo, na oficina. Aceitas? – propôs mestre Gilles.

Pierre fez que sim com a cabeça. Por ele, por Bernard, um dia ele seria tão bom quanto o mestre.

O mercador trocou mais algumas palavras com o sapateiro e despediu-se de ambos. A vida seguia seu curso...

Bernard acordara assim que o sino de Saint-Sernin tocou as cinco badaladas. Viu os primeiros monges com os cestos de pães. A maioria dos peregrinos dormia, inclusive Pierre. Levantou-se com cuidado para não acordá-lo. Sabia que, sozinho, Pierre teria mais chance de conseguir abrigo na casa do mercador Isaac. E sabia, também, que o amigo judeu de mestre Gaen o ajudaria a ter uma profissão.

Agora era preciso abrir um caminho para si.

Evitando as praças e ruelas de Toulouse, Bernard avançou por entre os prados, só chegando ao castelo do duque D'Orville no começo da tarde.

Observou que o castelo se parecia com todos os outros e não teve problema algum em passar pelos seus portões. Os guardas deixaram-no passar, pensando tratar-se de algum garoto das redondezas. Dirigiu-se então a um grande pavilhão ao lado do castelo, onde perguntou pelo secretário do duque.

Bernard foi encaminhado a um cavaleiro que o ouviu atentamente, pois soubera da rebelião em Plessis. Em seguida, Bernard foi levado para um alojamento destinado a servir de albergue e escola; ali ele aprenderia o ideal de coragem, de honra e de fidelidade, além da disciplina para suportar a fadiga e os perigos da vida militar.

Bernard iniciou seu aprendizado junto com outros jovens, que foram aos poucos se acostumando com aquele menino do campo, corajoso e ousado, excelentes predicados a um aspirante de cavaleiro...

Em Toulouse, Pierre se habituara à rotina do seu trabalho: ir ao curtume apanhar couros; aprender a fazer costuras nas botas; bater pregos sem machucar o couro e os dedos; passar óleo nas agulhas; fazer as entregas para o mestre; limpar o seu cantinho no fundo da oficina para dormir, depois de ter tomado sua escudela bem cheia de sopa de couve, toucinho e favas. Adormecia imediatamente e acordava mal o dia raiava, para recomeçar o trabalho.

Pierre, acostumado ao duro trabalho do campo, não se queixava, pelo contrário, gostava do que estava aprendendo. Mestre Gilles também se habituara ao aprendiz: dócil, esperto, era ágil nas entregas e nunca se perdia; aprendera a fazer contas e, graças a Bernard, sabia até mesmo ler, para surpresa e satisfação do mestre sapateiro.

Uma tarde, o mestre parou seu trabalho e chamou:

– Pierre?

– Sim, mestre Gilles.

– Hoje vou levar-te à corporação dos sapateiros para fazer teu registro.

– Como assim, mestre? – Pierre não estava entendendo. – Não me queres mais aqui?

– Nada disso, tolo! É que para abrir qualquer negócio ou exercer um ofício é preciso ser membro da corporação. A nossa é dos sapateiros, mas todos os outros ofícios têm as suas corporações – explicou mestre Gilles, ante a ingenuidade de seu aprendiz.

– E isso é bom? – quis saber Pierre.

– É. Se tiveres um acidente, e não puderes mais trabalhar, a corporação te sustenta. E, quando ficares bem velho e não puderes mais trabalhar, ela te sustentará também.

– Isso vale para todos, mestre?

– Para todos: aprendizes, ajudantes, diaristas e mestres. E mais: para seres mestre como eu, e teres tua própria oficina, é preciso ser aprovado no exame da corporação... Além disso, é um bom lugar para fazeres amigos entre os teus, pois é isto que queres, não é?

– Sim, mestre Gilles. Quero ter a minha própria oficina e ser um mestre tão bom quanto vós.

– Determinado como és, meu jovem, tu o serás! – festejou o mestre, dando um forte abraço em Pierre.

No castelo do duque D'Orville, os treinos intensos, o manejo das armas e cavalos, a disciplina férrea, os torneios simulados iam aguçando em Bernard suas habilidades físicas e desenvolvendo seu caráter de competição e lealdade.

Quanto mais o tempo passava, mais Bernard se destacava entre os aprendizes de cavaleiros. Sua dedicação e habilidades acabaram chegando aos ouvidos do duque, que pessoalmente o recrutou para sua escolta particular.

O duque Raimundo d'Orville partiria dentro em breve para o Oriente, e Bernard Arnac iria com ele, vestindo as cores violeta e preto, que simbolizavam o emblema do duque e a ordem da cavalaria a qual pertencia...

Pierre, ajudante dedicado e agora membro da corporação de sapateiros de Toulouse, observava atentamente seu mestre trabalhar, enquanto via os meses passarem.

Aos poucos, a revolta dos aldeões de Plessis foi sendo esquecida. Pierre soubera que os camponeses de outros lugares já haviam conseguido trocar a corveia, os trabalhos gratuitos que eram obrigados a realizar, pelo pagamento em dinheiro ou espécie. Os servos estavam se desvinculando dos pesados grilhões dos senhores, pois ouvia falar de motins e lutas em todos os lugares.

Os comerciantes que fervilhavam em Toulouse, ávidos por comprar e vender as mercadorias vindas do Oriente, e as moedas que tilintavam nos bolsos dos mercadores lhe diziam que sua família, seus amigos, não haviam morrido em vão, pois as coisas estavam mudando... e ele também: aprendera a ter coragem de lutar pelo seu sonho.

8

O futuro dura muito tempo

Em sua oficina, concentrado em meio a pregos, cola, placas de couro e botas espalhadas, mestre Pierre não percebeu a presença na porta de um cavaleiro de barbas longas e bem cuidadas, pele bronzeada, que se harmonizava com suas ricas vestes.

O visitante não parecia ter nenhuma pressa, observando com vivo interesse as mãos hábeis do sapateiro que lhe disseram "fazia de uma só peça os melhores sapatos do mundo".

De repente, Pierre ouviu um assobio curto e dois longos. Com a surpresa, levantou-se de um salto, espalhando as tachinhas que estavam em seu colo.

Fitou por longos instantes a orgulhosa figura de cabelos pretos encaracolados parada na porta. Não havia pressa para as explicações... Estavam em Toulouse e o futuro ali estava, como previra, anos antes, mestre Gaen.

Então, Pierre abriu um amplo sorriso e disse:

– Erraste, meu amigo. A senha é: dois assobios longos e um curto...

Uma visão da História

Introdução

A Idade Média foi um longo período histórico que se estendeu dos séculos V ao XV e o sistema social, político e econômico nele predominante foi chamado pelos historiadores de feudalismo. Nessa sociedade, cada pessoa tinha seu papel bem definido e rigidamente hierarquizado. Havia os que rezavam, os que guerreavam, os que trabalhavam.

É muito comum associar a Idade Média a um tempo de medos, mas essa é apenas uma parte da verdade em relação àquela época. De fato, as desigualdades sociais eram muito grandes. Enquanto os grandes senhores feudais – dentre eles, a própria Igreja católica – ostentavam sua riqueza, provocando temores e inveja, a população mais pobre sofria com pesados impostos e tentava sobreviver, lutando contra doenças, fome e miséria. Nesse período, no entanto, a população teve acesso a grandes avanços tecnológicos que promoveram uma verdadeira revolução na agricultura europeia.

Nas próximas páginas você conhecerá um pouco mais sobre essa época e entenderá por que o feudalismo sobreviveu por mais de seis séculos na Europa ocidental.

Uma visão da História

O afresco da Capela Espanhola de Florença representa a hierarquia dos poderes durante o feudalismo. Nele estão retratados o papa, o imperador, frades, camponeses, mendigos e peregrinos.

Afrescos de Giotto de Bondone, igreja dos Scrovegni, em Pádua, simbolizando A Fé (à esquerda), A Inveja (ao centro) e A Injustiça (à direita). Giotto foi o pintor mais renomado em Florença durante a segunda metade do século XIII até o início do século seguinte. Sua obra representa a transição da pintura medieval para o Renascimento.

As origens da sociedade feudal

Para compreender melhor o feudalismo, o sistema político, social e econômico que caracterizou a Europa ocidental durante a Idade Média, é necessário fazer uma viagem às suas raízes; voltar à época em que a presença de povos germanos nos territórios do Império Romano do Ocidente se acentuou trazendo uma nova configuração para o continente europeu.

No século II a.C., Roma deu início a uma política expansionista que acabou transformando-a na capital do maior império que o mundo até então já vira, com territórios em diversas partes da África, Ásia e Europa. Isso serviu para difundir a cultura, a religião e os valores latinos por todas as regiões dominadas.

No entanto, por volta do século III d.C., os romanos passaram a enfrentar uma série de problemas que resultaram na desagregação de sua unidade territorial e política. Entre os principais fatores estão as disputas internas pelo poder, a insubordinação das populações dominadas, a propagação de doenças e, especialmente, a invasão de estrangeiros, principalmente de povos germanos, ou seja, indo-europeus que habitavam o noroeste da Europa.

Gravura francesa do século XIII, que mostra servos trabalhando no campo. Ao fundo, o castelo senhorial.

Os "bárbaros" ou germanos

Embora esses invasores pertencessem a povos muito diferentes entre si, os romanos chamavam a todos de "bárbaros", pelo fato de possuírem idiomas, valores culturais e religiosos muito diferentes dos seus. De modo geral, eles tinham um estilo de vida comunitário e uma economia pastoril: todos os anos organizavam uma divisão das terras, concedendo a cada família um cercado para o gado e uma área para agricultura de subsistência. O restante da propriedade – bosques, pastagens, rios – era utilizado por toda a comunidade. A estrutura social desses grupos também era bastante simples, uma vez que não possuíam líderes para os tempos de paz.

Quem eram os invasores

O Império Romano do Ocidente sofreu invasões de diferentes povos. Entre seus principais invasores, destacam-se:

- **Anglos e saxões:** vieram das regiões das atuais Dinamarca e Alemanha e se fixaram no local que hoje corresponde à Inglaterra;
- **Godos:** formados pelos ostrogodos e visigodos. Saíram da atual Ucrânia e Romênia e se fixaram nas penínsulas Balcânica, Itálica, Ibérica e áreas da atual França;
- **Burgúndios:** originários da Escandinávia, fixaram-se no sudeste da atual França;
- **Francos:** formados por diversos grupos que viviam próximo ao rio Reno, fixaram-se na atual França;
- **Lombardos:** saíram, provavelmente, da Escandinávia e se estabeleceram no norte da península Itálica.

O contato entre romanos e germanos já vinha de algum tempo: iniciou-se no século I, graças às trocas comerciais que realizavam entre si. Inicialmente os germanos exportavam-lhes gado, mas, ao perceberem o grande interesse dos romanos por escravos, passaram também a promover ataques a grupos adversários com o objetivo de capturar e vender pessoas. Nos séculos seguintes, as relações entre ambos intensificaram-se e muitos desses estrangeiros chegaram a fazer parte da administração e do exército romanos.

Essa relação amigável, no entanto, modificou-se a partir do século III, época em que os germanos, em busca de melhores terras para pastagem, começaram a promover violentas incursões nos territórios dominados pelos

Maomé – geralmente representado com a face coberta –, líder e fundador da religião muçulmana, recebe mensagens do arcanjo Gabriel.

romanos. Nesses ataques, as cidades e plantações eram incendiadas e as populações massacradas. A situação agravou-se ainda mais nas últimas décadas do século IV, quando os hunos – ferozes cavaleiros asiáticos que obrigaram os chineses a construir a Grande Muralha para evitar suas invasões – ocuparam as planícies da Rússia, levando os moradores dessas regiões a dirigirem-se até o território romano de forma intensiva. Em 410, até mesmo a poderosa cidade de Roma foi invadida e saqueada.

A sociedade se transforma

Essas invasões provocaram uma fragmentação política e a ruralização da sociedade da Europa ocidental, culminando na derrocada definitiva do Império Romano do Ocidente em 476. Para os povos germanos, o contato com os romanos provocou a destruição de grande parte de seus valores, resultando numa nova organização social, econômica e política. Iniciou-se, por exemplo, uma estratificação interna com o surgimento de uma aristocracia hereditária que passou a controlar a política; o acesso à terra se tornou seletivo; os grupos mais poderosos passaram a se militarizar.

Muitos camponeses livres, que não encontravam mais apoio nem proteção militar em suas comunas de origem, preferiram empenhar suas propriedades junto a algum proprietário rico em busca de amparo. Assim, eles abriram mão de seus direitos e entregaram suas terras a esses novos senhores, comprometendo-se a pagar-lhes tributos para permanecer na comunidade.

Os que nada possuíam recebiam um pedaço de terra e até mesmo alguns animais. Em troca, eram obrigados a trabalhar de graça nas terras do senhor (sistema que passou a se chamar *corveia*) ou dar parte da produção do lote ao senhor (*talha*). Além disso, havia ainda as ***prestações*** (obrigação de hospedar o senhor e sua comitiva durante viagens) e as ***banalidades*** (doação ao proprietário de parte do pão, do vinho e da farinha produzidos em troca da utilização do forno, da prensa ou do moinho, por exemplo). Outro imposto comum era o ***mão-morta,*** pago pelo camponês que sucedia seu pai na posse de uma parcela de terra.

Todas essas práticas acabaram por constituir um sistema econômico voltado mais para o consumo do que para a troca ou para as necessidades de mercado. Era o feudalismo, que se implantava na Europa para adquirir suas feições mais características a partir do século VIII. No século X, o feudalismo já era um sistema consolida-

Iluminura da passagem do século XIII para o XIV, mostrando um rei inglês sendo coroado diante de autoridades eclesiásticas.

Investidura, homenagem e fé

Na sociedade feudal, as relações interpessoais e comerciais não eram regidas por uma ciência jurídica e nem havia um estado centralizado que regularizasse todos os aspectos do cotidiano. Por isso, a organização social baseava-se em um sistema de obrigações e direitos recíprocos assumidos basicamente de forma verbal, estabelecidos a partir de uma relação de suserania e vassalagem. Os suseranos prometiam aos seus vassalos proteção militar e sustento, e estes, em troca, juravam-lhes fidelidade militar e política, e contribuíam no papel de serviçais domésticos.

Uma cerimônia praticamente idêntica em todo o continente selava o laço de vassalagem: o vassalo ajoelhado rendia sua homenagem a seu suserano. A seguir, de pé, jurava sobre a Bíblia ou alguma relíquia sagrada sua fidelidade a ele. Finalmente, o senhor feudal lhe entregava um objeto que simbolizava o feudo (um pouco de ervas, um punhado de terra etc.), em um gesto conhecido como investidura. O documento abaixo descreve um juramento feito por um vassalo perante um conde da região de Flandres:

"...as homenagens foram rendidas ao conde; e isto foi realizado segundo as formas determinadas para empresatar fé e fidelidade na ordem seguinte. Em primeiro lugar, fizeram homenagem desta maneira: o conde perguntou ao futuro vassalo se queria tornar-se seu homem sem reservas, e este respondeu: "Eu o quero"; estando então suas mãos apertadas nas mãos do conde, eles se uniram por um beijo. Em segundo lugar, aquele que havia feito homenagem hipotecou sua fé (...) nesses termos: "Eu prometo em minha fé ser fiel ao conde Guilherme e de lhe guardar contra todos inteiramente minha homenagem, de boa-fé e sem engano"; em terceiro lugar, ele jurou isso sobre as relíquias dos santos. Em seguida, com o bastão que tinha à mão, o conde lhes deu a investidura, a eles todos que vinham de lhe fazer homenagem, de lhe prometer fidelidade e também de lhe prestar juramento."

Citado por: Jaime Pinsky em *Modo de Produção Feudal.* São Paulo, Global. 1982 (p. 64)

Na fronteira entre Portugal e Galícia, um rei lusitano oferece em seu castelo um jantar para nobres e bispos. A presença constante de membros da Igreja em cerimônias desse tipo indica o prestígio dessa instituição durante o feudalismo.

do. Quase toda a terra, que era a base da riqueza e do poder da Europa ocidental, estava em mãos dos senhores feudais, proprietários que concentravam todo o poder político e econômico. Para se tornar um senhor era necessário receber de um superior – por herança ou por doação – um *feudo*.

Durante a Idade Média, a palavra feudo era empregada para designar o direito de uso – e não de propriedade – de algum bem. Na maior parte das vezes, esse bem era um pedaço de terra, mas também poderia ser um castelo, o direito de receber impostos, de ocupar cargos etc. Quem recebia um feudo passava a ser chamado senhor feudal e tornava-se *vassalo* de quem lhe fizera a doação. O doador costumava ser um senhor feudal mais poderoso ainda, conhecido como *suserano*. Assim, na Idade Média, cada senhor era vassalo de um outro mais poderoso. Acima de todos eles, no alto de uma escala hierárquica de grandes e pequenos barões, duques, condes, marqueses e cavaleiros, estava o rei, o maior dos suseranos.

Em seu feudo, o vassalo exercia funções políticas, militares e também administrativas. Ao mesmo tempo que administrava os lotes ocupados pelos camponeses (*tenências*), ele usava esses mesmos camponeses para cultivar as terras do feudo que ficavam diretamente sob seu domínio e serviam para sua manutenção, de seus familiares e cavaleiros. Nessas terras, conhecidas por

O poder da Igreja

Desde que foi oficialmente reconhecida em fins do Império Romano, a Igreja não parou de se fortalecer como instituição religiosa, política e mesmo econômica. Durante o período feudal, a Igreja monopolizou a transmissão do conhecimento e da cultura e se tornou a única força organizada, determinando o modo de viver de todas as pessoas, independentemente da posição social por elas ocupadas na rígida estrutura medieval.

Muitos homens do clero eram também senhores feudais – por isso, chegaram a vestir armaduras e empunhar armas para combater nos campos de batalha, à semelhança dos outros cavaleiros. Como não tinham filhos, suas terras eram incorporadas aos domínios cada vez maiores da Igreja, que se beneficiava ainda do fato de não precisar pagar impostos aos reis. Assim, não surpreende o fato de o papado ter sido o maior proprietário de terras da Europa ocidental.

Foram também os religiosos que ensinaram os nobres a ler e escrever em latim, nas escolas que funcionavam em mosteiros e paróquias. Além do ensino, os padres eram recrutados pelos senhores feudais para o exercício administrativo em suas propriedades.

Do ponto de vista da cultura, a obra fundamental do conhecimento humano no tempo do feudalismo era – para todos os efeitos – a Bíblia Sagrada. Os religiosos a apontavam como o único meio de o homem garantir a entrada no reino dos céus e obter assim a salvação eterna. Nas bibliotecas dos mosteiros e das paróquias, os religiosos guardavam as principais obras dos autores da Antiguidade greco-romana: Platão, Aristóteles etc. Muitos monges – a minoria letrada – ali se dedicavam o tempo todo a uma única atividade: copiar e traduzir do grego para o latim os textos clássicos, que depois eram ilustrados com desenhos chamados de iluminuras.

A partir do século XII, a cultura e a educação sofreram um relativo impulso. Além das reformas e construções de igrejas patrocinadas por religiosos e leigos, houve um aumento considerável no número de escolas destinadas aos filhos dos nobres e surgiram, inclusive, os primeiros estabelecimentos dedicados à educação das crianças pobres. Esses jovens que tinham acesso à educação mas não seguiam a carreira religiosa eram incorporados ao universo dos aristocratas e, principalmente, ao dos novos ricos – os burgueses – que, vivendo rodeados de pessoas cultas, tentavam esquecer sua origem comum.

Também surgiram universidades subordinadas ao papa ou a imperadores. Ali os alunos estudavam matérias como gramática, dialética, retórica, aritmética, astronomia, música e geometria. Mais tarde, já perto do fim da Idade Média, seria introduzido o estudo de direito e medicina, além de teologia cristã.

Vista geral do monastério de São Pedro de Roda, edificado no século XI na Catalunha.

Vitrais da catedral de Toledo, na Espanha, com reprodução de imagens cristãs.

Fachada da catedral medieval (século XI) de Saint-Sernin, em Toulouse, sul da França.

Cálice e pátena do século XI, em ouro, esmalte e pedras preciosas, da catedral francesa de Nancy.

Relicário florentino esmaltado.

As ordens religiosas cristãs tiveram um grande crescimento no século XII. As ilustrações representam (de cima para baixo): carmelitas, franciscanos, dominicanos e beneditinos.

"terras dominiais", estavam incluídos o castelo – moradia dos nobres – e as terras aráveis que os camponeses cultivavam no sistema de corveia, além de pastagens, rios, bosques etc.

O senhor feudal cobrava taxas sobre o uso de estradas, feiras e mercados. Possuía também oficinas e equipamentos (forja, moinho, forno etc.) que os habitantes do feudo eram obrigados a utilizar. Além de tudo isso, os camponeses deviam pagar à Igreja um décimo (o dízimo) de tudo o que produzissem.

A Igreja tinha um papel decisivo no mundo feudal. Proprietária de terras, muitos dos seus membros eram também senhores feudais. Nesse mundo prevaleciam os valores eclesiásticos: a obediência à hierarquia e à autoridade, a crença na supremacia do reino de Deus e a condenação da usura, o que acabava por relegar a um segundo plano as atividades que envolvessem o uso de dinheiro, como as atividades mercantis e comerciais.

Entretanto, na sociedade feudal não havia apenas senhores e servos, mas uma diversidade muito grande de formas de trabalho, e os costumes variavam muito de região para região. Em algumas regiões, por exemplo, ainda existiam pessoas que eram pequenos proprietários livres, donos, de fato, de seus lotes; a esses lotes, que não pagavam nenhum tipo de imposto e estavam livres da tutela senhorial, dava-se o nome de *alódios*.

Assim também as pessoas – nem todas tinham a condição de servos –, algumas como os *vilãos*, eram livres. A origem do vilão era a do administrador da *villa*, propriedade rural do período romano, mas o vilão da Idade Média, mesmo sendo um homem livre, dependia, como todo mundo na época, de um senhor feudal. Algumas atividades artesanais, por sua vez, implicavam a condição de homem livre, como a dos ferreiros, mineiros e carvoeiros, que pela natureza de seu trabalho levavam uma vida seminômade. Havia ainda alguns escravos, principalmente na península Ibérica, onde, na luta contra os muçulmanos pela retomada do território, era costume transformá-los em escravos.

A possibilidade de melhorar de vida e ascender socialmente era muito remota, mas não impossível. Temos alguns exemplos: o bispo de Paris, que mandou construir a catedral de Notre Dame, Maurício de Sully, era filho de um mendigo; o papa Urbano VI era filho de um pastor de cabras; e Suger, que governou a França durante a Cruzada de Luís VII, era filho de servos. Como regra geral, a posição da pessoa na sociedade era defini-

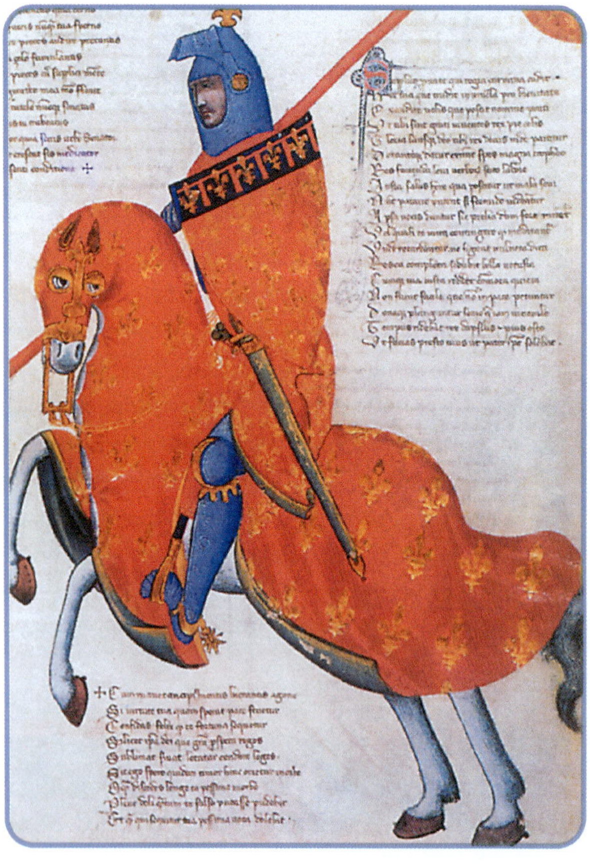

No alto, ilustrações de uma cerimônia em que um jovem nobre do século XVI se torna cavaleiro, recebendo a espada de seu rei. Acima, cavaleiro medieval preparado para um combate.

Os cavaleiros medievais

Uma das figuras que caracteriza o período feudal é o cavaleiro medieval. Suas origens são obscuras. O que se sabe é que eles surgiram como uma classe de guerreiros privilegiados entre os séculos IX e XV e marcaram profundamente o comportamento da classe dominante europeia. Por volta do século XII, fazer parte da Ordem da Cavalaria significava, antes de tudo, uma ascensão social, afinal, eram poucas as pessoas que tinham condições de comprar armadura, espada e lança e adquirir e manter as despesas com um cavalo.

Ser um cavaleiro significava cumprir uma missão de vida. Os cavaleiros deveriam defender os princípios da Igreja católica contra as ideias pagãs e tinham de proteger pobres, órfãos e viúvas; não podiam matar um adversário indefeso nem participar de falsos julgamentos ou traições; eles estavam proibidos de dar conselhos enganadores às damas e, sempre que possível, deveriam ajudar o próximo em suas aflições. Guerrear, além de ser sua grande paixão, proporcionava-lhes glória pessoal e lucros, uma vez que eles saqueavam seus oponentes derrotados.

Integrar a Ordem da Cavalaria não era algo simples. Exigia uma série de rituais e uma longa carreira a ser percorrida. Em geral, o aprendiz era filho de um nobre que, aos 7 anos, era enviado à corte de um senhor feudal para trabalhar como pajem. Aos 14 anos tornava-se escudeiro e começava a receber um vasto e meticuloso treinamento junto a um outro cavaleiro já ordenado. Nesse período de aprendizagem, o rapaz era introduzido ao uso de armas, a técnicas de equitação e combate e conhecimento da hierarquia interna da organização. Aprendia também a se comportar com elegância e a ser cortês.

A aquisição de todos esses conhecimentos não lhe garantia o ingresso na Ordem da Cavalaria. Para isso acontecer, o jovem escudeiro deveria mostrar seus feitos em batalhas ou em qualquer outra ocasião em que fosse possível provar sua coragem, habilidade e fidelidade a seu senhor feudal.

O ritual de passagem de um escudeiro a cavaleiro era conhecido pelo nome de investidura. Nessas ocasiões, o cavaleiro mais antigo entregava ao escudeiro as armas que este passaria a usar. Em seguida, chamava-o pelo nome, colocava sobre ele a sua espada e dava-lhe um forte tapa no rosto ou na nuca. O jovem deveria resistir ao golpe. Isso era prova de sua força ou então o símbolo de sua fidelidade para com o seu padrinho. Era também a última pancada de sua vida que ele receberia sem esboçar qualquer reação.

da não tanto pelo seu nascimento, mas pelos privilégios que viesse a obter. A isenção de alguma taxa ou imposto, a concessão de algum tipo de benefício ou privilégio, por menor que fosse, contribuía para que uma pessoa se diferenciasse das demais.

O crescimento das cidades e a expansão do comércio: à esquerda, uma taverna em Gênova; ao centro, uma loja de roupas em Paris; à direita, mercado de animais, em Hamburgo. Abaixo, comércio de vasilhas.

Os caminhos da mudança

Em meados do século XI, com o fim das invasões bárbaras, uma série de novas técnicas de cultivo estimulou a expansão da atividade agrícola e o desenvolvimento da economia em geral. A agricultura se desenvolveu de forma significativa graças à invenção de novos instrumentos de trabalho ou à melhoria dos já utilizados, como o arado. Nesse caso, o arado com rodas conhecido por *charrua* – novos arreios que permitiram o uso do cavalo para puxar o arado –, além do emprego da ponta de ferro, que possibilitaram fazer sulcos mais profundos na terra.

A energia hidráulica dos rios passou a ser explorada com moinhos d'água, favorecendo a moagem de grãos, o trabalho nas serrarias, a metalurgia (movendo foles). Nas áreas em que não havia rios, foram construídos moinhos de vento. Novos métodos de cultivo foram introduzidos, como o rodízio das plantações no sistema de três

Uma visão da História

As feiras comerciais também propiciaram o surgimento de importantes comemorações de caráter religioso durante esse período.

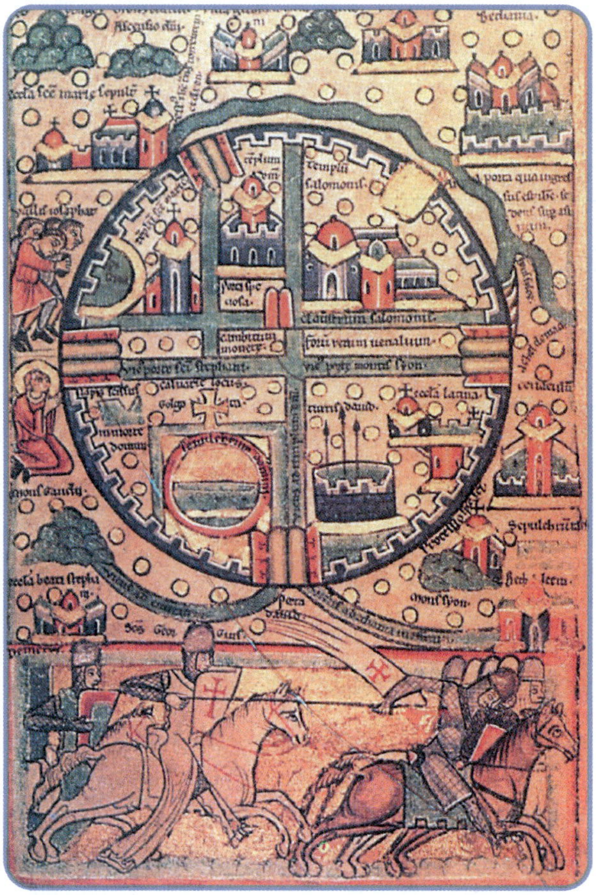

Uma planta do século XIII da cidade sagrada de Jerusalém durante um cerco de cruzados europeus que procuravam conquistá-la.

A peste negra

Em meados do século XIV, a Europa viveu uma das maiores catástrofes de sua história: a epidemia da Peste Negra. Essa doença chegou à Europa através de um navio que ancorou no porto de Gênova e se espalhou rapidamente entre as décadas de 1340 e 1350, provocando a morte de cerca de 25 milhões de europeus, o equivalente a um terço da população do continente na época.

Embora essa fosse a segunda vez que a doença arrasava a população europeia – a primeira fora no século VI –, não se sabia ainda que a Peste era propagada pelas picadas de pulgas de ratos, revelando-se, portanto, uma decorrência das precárias condições de saneamento, higiene e alimentação da maioria da população europeia. Devido a esse desconhecimento, diversas explicações chegaram a ser elaboradas. Uma delas dizia que a Peste Negra era um castigo divino e, para curar-se, as pessoas deviam usar colares de alho no pescoço.

Vítimas da devastadora "peste negra" são enterradas na França de 1349.

Moinho de água no rio Sena, em Paris. Um recurso tecnológico aperfeiçoado e disseminado durante a Idade Média.

campos: a propriedade era dividida em três campos, em que um deles permanecia em repouso e os outros dois eram mantidos com plantações diferentes; na semeadura seguinte, mudavam-se as culturas de cada campo, assim como o campo que ficava em repouso.

A quantidade de produtos gerados no campo favoreceu o crescimento das cidades e do comércio. As aldeias e os senhorios passaram a ter necessidade de um contato frequente com outros mercados e o uso do dinheiro se disseminou a ponto de muitos reis exigirem de seus vassalos uma renda em moedas em vez de serviços pessoais. Até mesmo no campo ocorreu uma gradativa substituição das obrigações em trabalho pelas obrigações em produtos ou em dinheiro. Artesãos e comerciantes se organizaram em corporações, passando assim a influir mais na vida das cidades. O comércio internacional com o Oriente cresceu graças às Cruzadas, as grandes expedições militares cristãs contra os muçulmanos. Produtos do Oriente passaram a circular nas feiras realizadas em cidades europeias, que começavam a se expandir cada vez mais.

Entre os séculos XI e XIII a Europa feudal conheceu seu apogeu, as feiras atraíam mercadores, artesãos e todos os tipos de pessoas. Um ir e vir incessante, uma troca animada não apenas de mercadorias, mas também de ideias e experiências, e claro, dinheiro. Novos ares, novas cores, novas cidades. O homem medieval sorria para si mesmo.

Nas cidades, formava-se um novo grupo social, o da burguesia. Essa nova classe passou a apoiar os reis, ajudando-os a centralizar o poder, enfraquecendo os nobres, ou seja, os senhores locais. A economia feudal ganhou impulso, o trabalho artesanal cresceu e até mesmo a atividade bancária, que esteve suspensa desde o início da Idade Média, ressurgiu.

Assim, sem que as pessoas percebessem, as transformações estavam acontecendo. Ainda se passariam alguns séculos para que tudo se transformasse e uma sociedade diferente surgisse, mas, enquanto isso, os mercadores e suas mercadorias, os reis com suas cortes e gastos imensos, os burgueses ricos, porém sem privilégios nem nobreza, os camponeses oprimidos e explorados, todos esses elementos, de alguma forma, deram sua contribuição para a transformação do feudalismo.

Por volta do século XIV, o feudalismo ainda não deixara de existir, mas com certeza era bem diferente daquele feudalismo dos séculos IX ou X. A partir do século XIV uma nova etapa se inicia, desta vez de transição. A sociedade ainda é feudal, pois os privilégios continuam definindo o lugar do homem na sociedade; os valores e os donos do poder ainda são os mesmos, ainda são da nobreza, mas o dinheiro e as mercadorias, e com eles os burgueses, donos das mercadorias e do dinheiro, irão se impondo, e impondo aos poucos seus valores e interesses sobre os de toda a sociedade.

Cronologia

450	Os bárbaros anglos e saxões invadem a Bretanha.
470	Os bárbaros visigodos controlam a maior parte da península Ibérica.
476	Os hérulos, povo de origem germânica, invadem Roma e depõem o imperador Rômulo Augústulo, pondo fim ao Império Romano do Ocidente.
496	Batismo e conversão do rei franco Clóvis ao cristianismo.
568	Os lombardos invadem a península Itálica.
711	Árabes muçulmanos começam a ocupar o território ibérico, o que levaria mais tarde ao fechamento do mar Mediterrâneo ao comércio.
800	Carlos Magno, rei dos francos, é coroado imperador em Roma pelo papa Leão III; com isso reunificava-se uma ampla extensão territorial que havia se fragmentado com o fim do Império Romano.
1000	Desde o início do século XI, verifica-se o renascimento comercial e urbano da Europa.
1078	Os turcos conquistam Jerusalém, marcando não só o avanço do islamismo como também a tomada de um centro comercial estratégico para o Ocidente cristão.
1096	Em resposta à tomada de Jerusalém, começa a primeira cruzada cristã.
1120	É criada a Universidade de Paris, um dos marcos culturais mais importantes da Idade Média.
1204	Os cruzados conquistam Constantinopla, uma das principais cidades turcas.
1215	Funda-se o tribunal da Santa Inquisição, com a Igreja fazendo uso de recursos extremos para reafirmar o exercício do seu poder.
1252	Moedas de ouro passam a circular em Gênova e em Florença, assinalando a efetiva consolidação da atividade comercial.
1315	Conjugação de fatores, como epidemias nas plantações, disseminação da peste, sucessão de guerras, constitui a grande crise que assola a Europa ocidental durante o século XIV.
1450	Gutemberg cria a primeira máquina de imprimir, o que vai permitir uma maior difusão da cultura escrita.
1453	Constantinopla, em poder dos cristãos, é tomada pelos turcos otomanos.
1492	Os cristãos reconquistam Granada, último reduto da presença muçulmana na península Ibérica.

O COTIDIANO DA HISTÓRIA

No tempo do feudalismo

Heloisa Steinmann & Maria José Acedo del Olmo

editora ática

Nome ______________________ Escola ______________________

Professor ______________________ Ano ______________________

Entre os séculos V e XV, a Europa ocidental viveu um período historicamente conhecido como Idade Média. O sistema econômico, político e social desenvolvido nessa época foi o feudalismo. Algumas de suas principais características são a predominância da sociedade agrária sobre a urbana, o estabelecimento de relações servis e um grande poder da Igreja sobre toda a população. As atividades a seguir irão ajudá-lo a compreender as origens desse sistema e entender os motivos que levaram ao seu fim.

1 POR DENTRO DO COTIDIANO DA HISTÓRIA

1. Uma das características do período feudal era a relação de dependência entre as pessoas. Em um feudo, por exemplo, enquanto os senhores feudais se responsabilizavam pela segurança e proteção dos camponeses, estes eram obrigados a pagar tributos e até mesmo a trabalhar de graça para o senhor. Localize na narrativa literária uma passagem que descreva essa situação.

2. Baseado no que você aprendeu sobre a sociedade feudal, explique o seguinte trecho extraído do capítulo *A feira*: "Era manhã do último sábado de março de 1248. Certamente não era um dia comum: era dia de feira!".

3. Depois de superar uma série de adversidades, Pierre conseguiu, com a ajuda de um mestre, ingressar em uma corporação. Qual foi a importância dessas instituições durante a Idade Média?

2 UMA VISÃO DA HISTÓRIA

4. Como a queda do Império Romano do Ocidente e as invasões dos povos germanos na Europa permitiram o surgimento do sistema feudal?

5. Explique a relação entre o acesso à terra e o poder no sistema feudal.

6. Durante a Idade Média, houve uma série de inovações tecnológicas que contribuíram para o aumento da produtividade agrícola, possibilitando, assim, uma certa melhoria da qualidade de vida das pessoas. Algumas dessas inovações encontram-se citadas abaixo. Descreva a finalidade de cada uma delas.

Charrua: ______

Moinho: ______

Carrinho de mão: ______

Plaina: ______________________________

Pousio trienal: ______________________________

7. Baseado no que você leu sobre a Idade Média, resolva a palavra cruzada abaixo:

1. O que os vassalos juravam aos seus suseranos.
2. Doença que atingiu a Europa em meados do século XIV provocando grande número de mortes.
3. Aquele que doava o direito de uso de um feudo.
4. Expedições militares que os cristãos promoveram contra os mulçumanos.
5. Instituição mais poderosa da Idade Média.
6. Camponês que vivia nas terras do senhor feudal sem, contudo, estar preso a ela.
7. Momento em que o senhor feudal entregava a seu vassalo algum objeto simbolizando um feudo.
8. Grupo social surgido nas cidades e que contribuiu para o enfraquecimento do sistema feudal.
9. Relação de fidelidade entre um vassalo e seu suserano.
10. Povo que saiu das regiões da atual Ucrânia e Romênia, invadiu o Império Romano e se fixou nas penínsulas Balcânica, Itálica e Ibérica e em áreas da atual França.

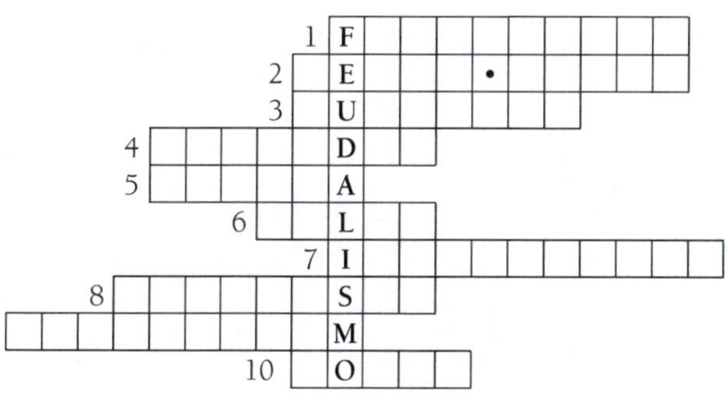

3 REFLETINDO SOBRE OUTROS TEXTOS

8. O documento a seguir foi escrito no século XI pelo bispo francês Adalberon de Laon. Nele, o religioso descreve a organização da sociedade feudal. Leia com atenção e, a seguir, responda às questões.

"(...) A sociedade está dividida em três ordens. Além da já citada [eclesiástica], a lei reconhece outras duas condições: a do nobre e a do servo, que não são regidas pela mesma lei. Os nobres são os guerreiros, os protetores das igrejas, defendem a todo o povo (...) A outra classe é a dos servos, esta raça de desgraçados não possui nada sem sofrimento, fornece provisões e roupas a todos, pois os homens livres não podem valer-se sem eles. Assim, pois, a cidade de Deus, que é tomada como una, na realidade é tripla. Alguns rezam, outros lutam e outros trabalham..."

(*Carmem ad Rotbertum regem francorum*. In Jaime Pinsky, org. *Modo de produção feudal – textos*. 4ª ed. São Paulo, Global, 1986. p. 71.)

a) De acordo com o texto, como a sociedade feudal se organizava?

b) Em sua opinião, o bispo defende a superioridade de alguma classe sobre as demais?

4 HISTÓRIA: O PASSADO E OS NOSSOS DIAS

9. As moradias dos camponeses durante a Idade Média eram bastante precárias. Esse é um problema que atinge muitas pessoas hoje no Brasil. Em grupo, faça uma pesquisa sobre as favelas e os cortiços brasileiros e escreva um texto comparando a situação dessas pessoas com a dos camponeses do período medieval.

10. Uma das grandes causas de revoltas na Idade Média foi a cobrança de impostos. Embora vivessem em situação muito difícil, os pobres sustentavam os nobres e os religiosos prestando-lhes serviços e pagando-lhes inúmeros impostos. Atualmente, o Brasil é considerado uma das nações com uma das maiores cargas tributárias do mundo. Faça uma pesquisa sobre a questão dos impostos no Brasil e elabore, em seguida, um texto opinativo sobre o assunto.